KLEINE CHRONIK
DER GODESBERGER MINERALQUELLEN
Draitsch- und Kurfürstenbrunnen

Von Georg Schwedt

2018

Herstellung und Verlag:
BoD - Books on Demand, Norderstedt
ISBN 978-3-7528-2081-2

VORWORT

2015 jährte sich der Geburtstag von Ferdinand WURZER, dem ersten Chemieprofessor der Maxischen Akademie zu Bonn zum 250. Mal und die Einweihungsfeier der Godesberger Draitschquelle, über die er die ersten umfassenden Analysen durchführte, durch den Kurfürsten Max Franz zum 225. Mal.

Im selben Jahr wurde die Anlage an der DRAITSCHQUELLE nach umfangreichen Renovierungen durch den Verein für Heimatpflege und Heimatgeschichte Bad Godesberg e.V. neu eröffnet.

Die Mineralwässer sowohl aus der historischen *Draitschquelle* als auch aus der 1962 neu erbohrten *Kurfürstenquelle* werden bis heute in Trinkpavillons an der Brunnenstraße bzw. im Stadtpark ausgeschenkt.

Die HISTORIE dieser für Bad Godesberg bedeutenden Quellen wird in diesem chronologischen Überblick deutlich gemacht, in dem Kupferstiche und andere Bilder sowie vor allem die Personen vorgestellt werden, die als bedeutende Mediziner und Chemiker oder auch als Schriftsteller die Quellen von Godesberg weit über das Rheinland hinaus bekannt gemacht haben.

Auch wenn Bad Godesberg heute als BAD nicht mehr im aktuellen *Deutschen Bäderbuch* (2008) aufgeführt wird, sind beide Brunnen mit ihrem jeweiligen Mineral- bzw. Heilwasser immer noch ein *Markenzeichen* auch für die Stadt Bonn, was die genannten Daten und Personen deutlich zeigen.

Die Godesberger Brunnen und den Ausschank ihrer Mineral- und Heilwässer weiterhin zu erhalten, dazu möge diese kleine Schrift der Chronik beitragen.

um 200

Römischer Votivstein: *Aesculapstein* auf der
Godesburg (Stifter: Quintus Venidius Rufus
Marius Maximus Lucius Calvianus, Legatus der
Legio I Minervia), den Heilgöttern Äskulap und
Hygieia gewidmet
(Original im NVR Landesmuseum Bonn, Replik
auf der Godesburg)

J. Freudenberg:
... dass schon die Römer Godesberg nicht nur wegen seiner herrlichen und gesunden Lage, sondern wegen seines Draisch- oder Sauerbrunnens, vielleicht auch zum Gebrauche von Kaltwasserbädern, zeitweilig als Curort besucht haben.
(in: Jahrbücher des Vereins von Alterthumsfreunden im Rheinland 44/45 (1869), 83/84)

Johanna Schopenhauer (1830):
Ein altrömischer, dem Aesculap geweihter Votivstein, der im sechzehnten Jahrhundert auf dem Godesberge ausgegraben wurde und jetzt in Bonn in dem Museum der rheinisch-westfälischen Alterthümer bewahrt wird, beweisst, dass die Römer sogar die Heilquelle bei Godesberg schon gekannt haben, die wahrscheinlich damals bedeutendere Kräfte gehabt haben mag, als in unseren Tagen.
(in: „Ausflug an den Niederrhein und nach Belgien im Jahre 1828", Theil 1, S. 107, Leipzig 1830)

18. Jahrhundert

1750   Kurfürst CLEMENS AUGUST (reg. 1723-1761) lässt sachverständige Werkleute aus Spa kommen, um den Brunnen zu untersuchen, die „süßen" Wasser abzuleiten und ihm eine neue Fassung zu geben.

Kurfürst Clemens August, nach dem Gemälde von Georges de Marées (auch Desmarées;1693-1776, schwed. Porträtmaler),
Original im Schloss Augustusburg, Brühl

Spa (im 19. Jahrh. auch *Spaa* geschrieben) in der Provinz Lüttich war ein berühmter Badeort (mondänes Modebad) mit „alkalisch-erdigen Eisenwässern".

Die Handwerker aus Spa sollen in den Verdacht geraten sein, die Arbeiten zum Vorteil ihrer eigenen Brunnen nicht sachgemäß durchgeführt zu haben, so dass sie abgebrochen wurden.

1784   Zeichnung von Charles DUPUIS (um 1750-1807; Zeichner u. Kupferstecher) des Godesberger Sauerbrunnens

1785   Kurfürst MAXIMILIAN FRANZ (reg. 1784-1801) soll bei einem Spazierritt durch Dorfbewohner auf den Brunnen und die Heilkraft seines Wassers aufmerksam gemacht worden sein (nach anderen Angaben durch seinen Leibarzt).

Kurfürst Maximilian Franz (1756-1801),
Gründer der Kurkölnischen Akademie Bonn 1777

1790   Ferdinand WURZER veröffentlicht:
Physikalisch-Chemische Beschreibung der Mineralquelle zu Godesberg (Bonn, gedruckt bei J. F. Abshoven, Universitäts-Buchdrucker)

Sein Fazit zum Geschmack des Draitschwassers: *...säuerlich, stechend, prickelnd wie Champagner, und eisenhart.* (ausführlich in Schwedt 2015)

Kurzbiographie
Ferdinand WURZER (1765-1844), in Brühl geboren, wuchs in Bonn auf und besuchte das Gymnasium in der Bonngasse. Er studierte Medizin in Heidelberg, Würzburg, Göttingen und Wien und promovierte 1788 in Bonn, wo er anschließend eine Arztpraxis betrieb.
In der Chemie bildete er sich in Helmstedt sowie in der Raths-Apotheke zu Hameln aus und wurde 1793 als erster Bonner Chemieprofessor an die kurfürstliche Akademie berufen. Nach deren Auflösung folgte er 1804 einem Ruf an die Universität Marburg.

D? FERD. WURZER.

Physikalisch=Chemische
Beschreibung
der
Mineralquelle
zu Godesberg
bey Bonn
von
Ferdinand Wurzer,
der Arzneygelahrtheit Doktorn.

Bonn, gedruckt bei J.F. Abshoven Universitäts-
Buchdruckern. 1790.

24. Mai 1790	Einweihung des Godesberger Brunnens durch Kurfürst MAX FRANZ
28. Mai 1790	Im *Bönnischen Tageblatt* war zu lesen, *dass es beim Füllen der Krüge an*

gehoeriger Aufsicht mangelte, ... wodurch die Kraft des Wassers nicht nur merklich geschwaecht, sondern demselben auch ein unangenehmer Geschmack gegeben wurde.
Deshalb habe der Kurfürst einen eigenen Mann zur Füllung der Krüge abgestellt.
(...)

Und es wird demnach jedermann gewarnet, nur jene Krüge und Bouteillen für aecht zu halten, welche mit eigenen Brunnensiegel (bestehend in einem mit Stab und Degen durchkreuzten Kurhute und der Unterschrift Draitsch-Brunnen) versehen ist.

1790   Erscheinen des Kupferstichs *„Der Godesberger Sauerbrunnen, sunst Traitsch genannt"* von Charles DUPUIS (ehem. Artillerieleutnant) (s. auch 1785)

1790   Beginn des Badebetriebs – Bau von Kuranlagen (Redoute, Spazierwege, Hoftheater); Beginn des Wasserhandels

Ausschnitt: Kupferstich von Johann Ziegler 1792
(Redoute und Kurfürstenallee)

1791   *„Karte des ohnweit Bonn gelegenen Schloß und Dorffes Godesberg wie auch des dasselbst neu errichteten Draitschbrunnen (...) durch Heinrich Karst kurkölnischen Leibgarden und legalen Geometer"*

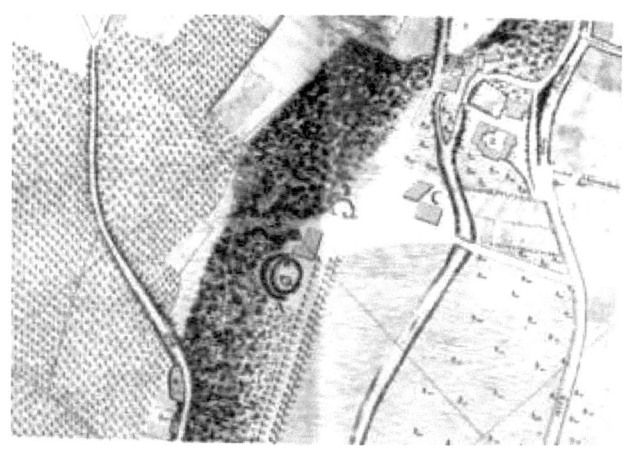

A: Draitschbrunnen (Kreis), darüber Gebäude B: Brunnenhaus –
beide etwa in Bildmitte C: „Gasthaus zum schönen Brunnen"

1792   Erscheinen des kolorierten Kupferstichs von
               Lorenz JANSCHA (1749-1812) u. Johann
               ZIEGLER (1749-1802):
               *„Der Gesundbrunnen zu Godesberg unweit
               Bonn"*

Lorenz JANSCHA war ein österreichisch-slowenischer
Landschaftsmaler, Vedutenzeichner und Radierer. Ab 1797
wirkte er als Korrektor an der Klasse für Landschaftsmalerei
an der Wiener Kunstakademie, ab 1806 als Leiter der
Malerschule.
Johann ZIEGLER aus Meiningen war ein Vedoutenmaler und
Kupferstecher.

1792   APOLLINAR (Bertram Maria Altstaetten, Autor auch der Festschrift zum sechsten Jahrestag der kurfürstlich-kölnischen Universität zu Bonn 1791):

> *Der Brunnen Draitsch, ein deutsches Distichon. Mit einer vorläufigen Nachricht, und erleuternden Anmerkungen begleitet. Bonn, bei Franz Xavier Greull, churfürstlich gnädigst Priviligierten Hofbuchhändlern.*

1793   Analyse des Godesberger Brunnenwassers durch Johann Georg PICKEL (in Würzburg durchgeführt) – in *„Briefe eines Reisenden an seinen Freund über den Aufenthalt beim Godesberger Gesundheitsbrunnen",* Godesberg.

Kurzbiographie
Johann Georg PICKEL (1751-1836)
Studium der Medizin in Würzburg, nach der Promotion ab 1781 in Wien und Göttingen, dann als Professor für Chemie und Pharmazeutik an der Universität Würzburg, Labor in der Apotheke im Juliusspital, 1785 chemische Vorlesung „vom Nutzen und Einflusse zum Wohle eines Staats und auf verschiedene Künste und Wissenschaften".

5. Juli 1793 (aus dem Brief des anonymen Reisenden zum Brunnen:)
 ...Dieser ist sehr anmuthig. (...)
Zum Geschmack des Wassers:
... es schmeckt wa(h)rlich gut. Es hat mit dem Wasser in Spaa viel ähnliches, und das finde ich nicht allein, es habens auch andere Herrschaften gefunden, die sich besser aufs Wasser verstehen als ich. Das medicinische Collegium zu Amsterdam behauptet, dass das Godesberger grade die nämlichen Bestandtheile, wie jenes zu Spaa habe...

Auszug aus dem Bericht von PICKEL:
Das Wasser der Godesberger Quelle ist klar, und zeigt auf seiner Oberfläche auch keine Spur von opalisirenden Farben. Der Geschmack ist angenehm, prickelnd, säuerlich und etwas wenig Eisen- oder Dintenhaft. Es ist ganz ohne Geruch. Schnell in ein Glas gegossen zeigt es häufige Luftblasen; eine Eigenschaft, die nach dem langwierigen Transport, während der heissesten Jahreszeit, doch noch eine nicht unbeträchtliche Menge von Luftsäure oder Bronnengeist verrathen.

[Pickel führte die Analysen des Godesberger Mineralwassers in seinem Labor der Apotheke im Juliusspital in Würzburg durch. – *Luftsäure* = Kohlendioxid]

1793   Erscheinen des Kupferstichs „*Ansicht bei dem Dorfe Schweinheim auf den Draitschbrunnen und die Sieben Berge*" von Peter BECKENKAMP (geb. 1750 in Koblenz, auch als Theatermaler genannt)

Die Brunnenallee, mit niedrigen Pappeln besetzt, führt von der Bildmitte (Rückseite der Redoute) zur Mineralquelle – ganz rechts.

1793
Konrad Anton ZWIERLEIN und seine Brunnenschrift
(mit Angaben zu 26 z.T. bereits sehr bedeutenden Badeorten
– und über den neuen Brunnenort Godesberg)

Dr K.A. ZWIERLEIN

Kurzbiographie
Konrad Anton ZWIERLEIN (1755-1825) studierte Medizin in
Fulda und Heidelberg, erhielt eine Professur an der
Universität Heidelberg und wurde 1782 Brunnenarzt im
Staatsbad Brückenau. Im Großherzogtum Frankfurt wurde
er 1810 zum Hofrat und Direktor des Sanitäts- und
Medizinalkollegiums ernannt.

Allgemeine
Brunnenschrift
für
Brunnengäste und Aerzte.

Nebst

kurzer Beschreibung

der berühmtesten

Bäder und Gesundbrunnen Deutschlands

von

Konrad Anton Zwierlein,

der Medicin und Philosophie Doctor, Fürstlich Fuldischen Hofrathe,
Brunnenarzte und Physikus zu Brückenau, der Kaiserlichen
Akademie der Naturforscher und der Kurfürstlich
Mainzischen Akademie nützlicher Wissenschaften
Mitgliede.

Weißenfels und Leipzig,

bey Friedrich Severin.

1793.

In seiner Brunnenschrift schrieb er über den Godesberger Brunnen und berichtete ausführlich auch über die Umgebung – und am Schluss weist er auf die Veröffentlichung von WURZER, auf die *Physikalisch-chemische Beschreibung der Mineralquelle zu Godesberg bey Bonn. 1790, Seite 36*, mit den Ergebnissen der chemischen Analyse hin.

Im Folgenden wird der Text aus den vier Druckseiten bis zu diesem Hinweis zitiert, welcher den Stellenwert dieses Brunnens bereits im Jahre **1793** erkennen lässt. Insgesamt stellt Zwierlein 26 Orte vor – von Aachen über u.a. Ems, Karlsbad, Meinberg, Nenndorf, Pyrmont, Selters bis Wiesbaden.

Der Text stellt zugleich die Gründungsgeschichte des Godesberger Brunnens dar.

Neunter Abschnitt

_____

G o d e s b e r g.

Die Mineralquelle allhier gehört noch nicht unter die berühmtesten Deutschlands; sie wird aber hier beschrieben, weil sie noch ganz neu und unbekannt ist, und weil sie unter Seiner Kurfürstlichen Durchlaucht zu Kölln gewiß sehr bald empor kommen wird.

Dieser Gesundbrunnen liegt ungefehr anderthalb Stunden von Bonn. Der Weg bis zum Brunnen läuft durch eine prächtige Ebene, die rechts mit einer Kette von waldichten Gebirgen umgeben ist, deren Fuß kleine Dörfer, in der schönsten Reihe gelagert, auf das herrlichste verschönern. Links fließt der majestätische Rhein, an dessen jenseitigem

Ufer die berühmten sieben Berge prangen. Die ganze Ebene ist überaus fruchtbar; alles ist theils mit Weinbergen bepflanzt, theils mit Früchten besäet; und so läuft der Weg an der Seite eines mit Bäumen besetzten Baches bis in das Dorf Godesberg, das dem alten Bergschlosse gleichen Namen wahrscheinlich seine Benennung zu verdanken hat. Von hier liegt der Brunnen keine halbe Viertelstunde mehr. Er wird auch der Draitschbrunnen genannt. Wie man aus dem Dorfe kömmt, glaube man plötzlich in eine andere Gegend, in ein wahres Elysium, versetzt zu seyn. Auf einmal kömmt man hier in einen rundum von Bergen eingeschlossenen Labirinth; kaum ist man fähig, durch das Gebüsch dessen engen Ausgang zu entdecken; es sind hier so viele Annehmlichkeiten vereinigt, daß man solche kaum irgendwo beysammen finden wird. Einige hundert Schritte vom Brunnen liegt auf einem nicht sehr hohen Berge, ganz von der übrigen Gebirgskette abgeschnitten, das so merkwürdige alte Schloß Godesberg, wo man die herrlichste Aussicht genießt, und die ganze Gegend übersehen kann.

Schon seit langer Zeit wurde dieses Wasser in der Gegend getrunken; weiter war es aber nicht bekannt, auch waren seine Bestandtheile nicht untersucht. Im Jahre 1789 hörten Seine Kurfürstliche Durchlaucht bey einem Spazierritte in die Godesberger Gegend diesen Brunnen rühmen, sahen ihn, und gaben sogleich Befehl, die fünf Quellen süßen Wassers, die mit den Mineralquellen in einen Brunnen gefaßt waren, abzuleiten; dem Bache, der meistens mit einer reissenden Schnelligkeit in einer ganz kleinen Entfernung vom Brunnen dahin strömte, einen andern Lauf anzuweisen; den Brunnen mit einer steinernen Einfassung zu umgeben, und das Wasser chemisch zu untersuchen.

Der Kurfürst kaufte nun fast alle um den Brunnen gelegenen Gründe an sich, ließ schattichte Spatziergänge anlegen und prächtige Gebäude für Kurgäste aufführen, verwandelte in kurzer Zeit die ganze Gegend, und verbreitete überall Schönheit und Annehmlichkeit.

Im Jahre 1790 wurde der Brunnen an eine Gesellschaft reicher Unternehmer auf mehrere Jahre in Admodiation [Pachtvertrag] verliehen, welche bald nachher in dem angenehmsten Gebäude rheinwärts, zu dem prächtigen Baue des Redoutensaales den Anfang machten, worin jetzt zweymal die Woche, Sonntags und Mittwochs, Ball, Gesellschaft und Spiel gehalten wird.

Dieses Gebäude ist zugleich zu vortrefflichen Wohnungen für Fremde eingerichtet. Um noch mehrere Bequemlichkeit zu verschaffen, und den angefangenen Gesellschaftsbau zu verherrlichen, verschenkte der Kurfürst noch eine ganze Reihe tiefer hinab erkaufter Gründe an Bauliebhaber, mit dem Bedinge, nach dem vorgezeichneten Plan schöne Häuser darauf zu bauen, wobey zugleich Prämien von einigen tausend Gulden für diejenigen, die zuerst ihre Gebäude zu Stande gebracht haben würden, ausgesetzt wurden. Von dieser Zeit an fährt nun, den Frühling und Sommer hindurch, täglich zweymal ein besonderer Postwagen von Bonn nach Godesberg, und alle Sonn- und Feyertage den Rhein hinauf unter türkischer Musik ein Jagdschiff dahin.

Da Seine Kurfürstliche Durchlaucht zu Köln die Anlagen zu Godesberg mit so thätigem Eifer betreiben lassen, und so große Summen darauf verwenden; so kann es nicht fehlen, daß dieses Bad in kurzer Zeit in Ruf kommen, und von

Fremden häufig besucht werden muß, welches dieser Ort wegen seiner vortrefflichen Einrichtungen und heilsamen Wasser allerdings verdient.

Das Mineralwasser entspringt an dem Fuße eines Gebirgs, aus vierzehn kleinen Quellen in großer Menge, die weit über hundert Kannen Wasser in einer Viertelstunde liefern. Es springt sprudelnd und mit Heftigkeit aus seinen Quellen, und wirft ausserordentlich viele kleine Blasen in die Höhe, welches auch beym Eingießen in ein Glas geschieht. Es ist ganz helle und klar, und ohne allen Geruch. Sein Geschmack ist säuerlich, stechend, prickelnd wie Champagner, und eisenhaft. Im Bassin und an den Orten, wo es abfließt, setzt es vielen gelben Ocher ab.
(...)
(Es folgt der Hinweis auf die nach *Herrn Doktor Wurzers* *angestellter chemischen Untersuchung...* - mit den Hauptbestandteilen in Bezeichnungen unserer Zeit: Kohlendioxid, Natrium-, Magnesium-, Calcium- und Eisenhydrogencarbonat sowie Natriumchlorid – bis heute im Prinzip gültig!)

19. Jahrhundert

1820   Analyse von Johann DÖBEREINER aus Jena am Brunnen

Johann Wolfgang DÖBEREINER (1780-1849), gelernter Apotheker, erhielt 1810 die ao. Professur für Chemie der Universität Jena. 1819 wurde er zum o. Professor ernannt und erhielt ein eigenes Laboratorium, dessen Gebäude heute als „historische Stätte der Chemie" mit einer Gedenktafel auf sein Wirken als Entdecker der katalytischen Wirkung des Platins und der *Triadenregel* als einer Vorläuferin des späteren Periodensystems der chemischen Elemente hingewiesen wird. Seine Analyse veröffentlichte er in einem

Sammelwerk *Zur pneumatischen Chemie II*, S. 51 und stellte damals folgende Mineralstoffe im Godesberger Wasser fest: Hydrogencarbonate von Eisen, Magnesium, Calcium und Natrium sowie Natriumchlorid und Kohlensäure (wie auch zuvor Wurzer) und außerdem Natriumsulfat.
Ergänzend dazu schrieb er:
Die jetzige Mineralquelle in Godesberg ist übrigens nicht mehr die alte von Wurzer untersuchte, sondern eine neue Quelle, welche man nach Untergange der ersten neu aufgefunden und gefaßt hat. Es wäre zu wünschen, daß ein Chemiker in Bonn – etwa Herr Prof. Bischof, das Wasser dieser und der Quelle zu Roisdorf zu verschiedenen Jahreszeiten untersuchen und dadurch ausmitteln möchte, ob das Verhältniß der fixen [festen] Bestandtheile solcher Wässer, welche aus aufgeschwemmten und secundärem Boden aufspringen, sich immer gleich bleibe.

1822   Joh. Ev. WETZLER in: *Ueber Gesundbrunnen und Heilbäder, Zweyter Theil*, Mainz

Kurzbiographie
Johann Evangelist WETZLER (1774-1850)
1801 Promotion zum Dr. med. an der Universität Landshut, 1802 niedergelassenen Arzt in Straubing, Landgerichtsphysikus in Straubing; 1808 Kreismedizinalrat in Augsburg; 1838-1840 Honorarprofessor der Universität München, 1840 Regierungsmedizinalrat in Würzburg; Vorlesungen an der Universität Würzburg speziell zur Heilquellenlehre (Balneologie) sowie zahlreiche Veröffentlichungen über Heilquellen.

Ueber

Gesundbrunnen und Heilbäder

insbesondere,

oder

Nachrichten

über die vorzüglichsten Gesundbrunnen und Heilbäder in der nördlichen Schweiz, in Schwaben,
in den Rhein- und Maingegenden,
und in Franken.

Joh. Ev. Wetzler,

k. b. quiesc. Medizinal- und Regierungsrathe zu Augsburg.

Neue, mit Zusätzen und einem Kupfer vermehrte Ausgabe.

Mainz, 1822.

Bey Florian Kupferberg.

II.

Godesberg

im königl. preuß. Großherzogthum Niederrhein.

(...)

Anderthalb Stunden von Bonn und einige hundert Schritte vom Dorfe Godesberg, liegt in einer der schönsten und fruchtbarsten Gegenden am Rhein, der Godesberger Brunnen. Früher hieß er der Draitsch, oder Draitschbrunnen und war vorzüglich vom benachbarten Landvolk benutzt. Der Brunnen war aber mit gemeinem Wasser vermischt. Von den Heilkräften desselben unterrichtet, ließ der letzte Kurfürst von Köln Maximilian, Erzherzog von Oesterreich, im J. 1789 das gemeine Wasser ableiten, und den Mineralbrunnen schön und dauerhaft fassen. Er ließ ferner prächtige Gebäude für Kurgäste ausführen und den Brunnen mit schönen Anlagen umgeben. Und die Erweiterung des letzteren, so wie die Verschönerung der Gegend gehörte mit zu seinen Lieblingsbeschäftigungen.

Der treffliche W u r z e r - durch seine meisterhafte Untersuchung der Nendorfer Schwefelquellen, so wie durch

verschiedene Schriften rühmlichst bekannt – unternahm eine Analyse des Godesberger Brunnens und machte sie in einer Schrift bekannt unter dem Titel: Ferd. Wurzer's physikalisch-chemische Beschreibung der Mineralquelle zu Godesberg bey Bonn, 1790.*) (...)
*) Ich habe diese Schrift, zu meinem Leidwesen, aller Bemühungen ungeachtet, nirgends erhalten können.
[heute 3 Exemplare im Stadtarchiv Bonn vorhanden]

1826   Johann Christian Friedrich HARLESS: *Die vorzüglichsten salinischen und eisenhaltigen Gesundbrunnen im Großherzogthum Niederrhein insbesondere die Mineralquellen zu Roisdorf, Heppingen, Tönnestein, Heilbrunnen, und zu Godesberg..."* (Kapitel V. *Die Mineralquellen zu Godesberg*)

Kurzbiographie
Johann Christian HARLESS (1773-1853) studiert in Erlangen, promovierte 1793 zum Dr. phil. und 1794 zum Dr. med., hielt sich danach zu einem Studienaufenthalt in Wien auf. Er habilitierte sich und wurde Extraodinarius in Erlangen. Nebenbei betrieb er eine ausgedehnte ärztliche Praxis. 1818 nahm er, nachdem er mehrere Rufe an renommierte Universitäten abgelehnt hatte, die Professur für allgemeine und spezielle Pathologie sowie Therapie an die neu gegründete Universität Bonn an. Nach der Berufung von Christian Friedrich Nasse (s. unter 1830) beschränkte er sich auf theoretische Vorlesungen.

DIE VORZÜGLICHEREN
SALINISCHEN und EISENHALTIGEN
GESUNDBRUNNEN
IM
GROSHERZOGTHUM NIEDERRHEIN,

insbesondere

die Mineralquellen zu Roisdorf, Heppingen, Tönnestein, Heilbrunnen,

und zu Godesberg.

Nebst einem Ueberblick

über die bedeutenderen und heilkräftigen Mineralquellen in der Eifel, sodann am rechten Ufer des Mittelrheins, und auf dem Hundsrücken.

Nach ihrem chemischen Gehalt und ihren Heilkräften mit besonderer Rücksicht auf ihren Kurgebrauch

dargestellt

von

Dr. CHR. FRIEDR. HARLESS,

Ritter, Königl. Preuss. Geheimen Hofrath und Professor auf der Königl. Rhein-Universität.

HAMM,
bei FR. WUNDERMANN.
1826.

Christian Friedrich Harless

In seinem Werk geht er auch auf die bereits genannten Autoren und deren Veröffentlichungen ein – u.a. Wetzler, Zwierlein, Döbereiner.
Aus seiner Beschreibung nach eigener Anschauung seien einige Auszüge zitiert:
Die Quelle, oder vielmehr die Quellen, (denn es sind mehrere) liegen mit ihrem Spiegel um einige Fuß tiefer, als die Ebene der Allee und der angränzenden Wiese, so dass bei ihrer Aufräumung und der Planirung des Platzes, theils schon im Jahr 1789, theils ein Jahr später, ein Theil des aufsteigenden Terrains abgetragen, und eine halbmondförmig abgesenkte Fläche ausgegraben werden muste, und dann man jetzt in diesem mit harten Sandsteinen belegte Brunnenbecken von 2 Seiten auf steinernen Treppen herabsteigt.

Ueber der in ein rundes Bassin von dergleichem hartem Sandstein gefassten Haupt- und Trinkquelle ist eine steinerne oben gewölbte Nische oder halbkreisförmige Brunnenhalle von einfacher aber gut ins Auge fallender Struktur errichtet. In dieser Nische ist es selbst im heissen Sommer immer kühl, und bei reiner heisser Luft erreicht das kohlensaure Gas in ihr eine ziemliche Höhe, doch niemals so hoch und in der Stärke, dass dadurch der Zutritt zur Quelle und das Schöpfen des Wassers gefährlich würde...

1830   Gutachten von Christian Friedrich NASSE (22. August) über den Brunnen

Christian Friedrich NASSE (1778-1851) bestand sein Abitur am Grauen Kloster in Berlin 1797, studierte Medizin in Berlin und Halle, wo er 1800 zum Dr. med. promovierte. Zunächst war er als Armenarzt in seiner Heimatstadt Bielefeld tätig, unternahm Studienreisen und wurde 1815

Professor in Halle. Ab 1819 war er an der Universität Bonn als Medizinprofessor und Kliniker tätig.

1833   Lambert DICK (Lehrer zu Godesberg):
Kurze Geschichte und Beschreibung von Godesberg Brunnen- und Bade-Curort im Regierungs-Bezirk Köln, Kreis Bonn

1833   Bernhard HUNDESHAGEN (1784-1858), Germanist, Bibliothekar in Wiesbaden, Architekturhistoriker:
Der Heilbrunnen und Badeort Godesberg bei Bonn am Rheine, Köln, Verlag von Joseph Ritzefeld.

Auszug (S. 88-89):

Wohlthätig wie des Heiligen Natur immer es selbst war, ergoß aber seit undenklichen Zeiten, auch nach dem bereits Gemeldeten schon von den Weltherrschern Roms öffentlich und dankbar und göttlich gepriesen, die später schmucklose Quelle unterhalb einer niedrigen doch steil ausgehenden Flötzgebirgshöhe, ihr zu Ehren der Draischberg benannt, raschen Sprunges die heilsamen Gewässer, und verbreitete damit ringsum besonders im Frühjahr stärker die fixen Luftbestandteile des Säuerlings, nahe dabei eine stechende Empfindung in der Nase, auch auf der Brust etwas Beklemmendes zum Husten reizendes Gefühl erregend, woher der mehr so vorkommende Name Draisch (vom altdeutschen Drachen: exstillare, emittere) ohne Zweifel entstanden war; immer hatten auch die Bewohner von Godesberg und der umliegenden Gegend getreu diesen guten Born benutzt und belobt, seine Heilkraft der Landmann laut gerühmt, und kein

Hirt unterließ, wenn es nur irgend möglich seyn konnte, die Heerde und Lämmer den offenen Busen der Göttin und an das unbeschillerte Auge ihres Spiegels, von fünf Nymphen süßer Quellen umreiht, glücklich zu leiten, um jene durch einen Trunk des heiligen Wassers gegen Seuchen zu schützen.

1835   Erscheinen des Kupferstichs „*Der Draischer Brunnen zu Godesberg*" von B. HUNDESHAGEN (Inv.) u. J. JULLIEN (Sculpt.)

1835   Analyse von Carl Wilhelm BERGEMANN (1804-1884)

BERGEMANN promovierte 1826 in Göttingen zum Dr. phil. und war von 1830 zunächst ao. Professor, von 1840 bis 1867 o. Professor für Pharmazie in Bonn. Seine Analyse führte er offensichtlich im Universitäts-Hauptgebäude durch, wo ab 1833 ein als *Pharmazeutischer Apparat* bezeichnetes kleines Labor vorhanden war.

1837   Ernst WEYDEN: *Godesberg, das Siebengebirge und ihre Umgebungen. Für den Fremden und Heimischen geschildert, mit naturhistorischen Andeutungen.* Bonn, Verlag von T. Habicht.

GODESBERG,

DAS

SIEBENGEBIRGE,

UND IHRE UMGEBUNGEN.

Für den Fremden und Heimischen geschildert,

mit naturhistorischen Andeutungen

von

Ernst Weyden,

Verfasser des „Ahrthals"

Zweite völlig umgearbeitete Auflage.

Mit 1 Stahlstich und 1 Karte.

Bonn,

Verlag von T. Habicht.

1864.

1. Auflage 1837

Kurzbiographie
Ernst WEYDEN (1805-1869) war ein Kölner Schriftsteller.
Er unterrichtete ab 1828 an der Höheren Bürgerschule in
Köln und veröffentlichte nicht nur einen *Ahrführer* (1835)
sondern in seinem Werk *Cölns Vorzeit* (1826) erstmals in
Schriftform die *Geschichte von den Heinzelmännchen zu Cöln.*

1844   Ernst Moritz ARNDT (1769-1860, erster
Geschichtsprofessor der Universität Bonn): *Wanderungen
rund um Bonn und Godesberg ins rheinische Land*

Darin ist u.a. zu lesen:
*Der Brunnen (...) heißt der Draitscher oder Draiser Brunnen,
und der überhangende grüne Bergwald der Draitsch- oder
Drais-Berg, ein Name, welchem man verschiedene Deutungen
gegeben hat. Da dieser Name indessen mit keinern andern
besondern Örtlichkeit in Verbindung steht, so ergibt sich, wie*

mir däucht, die nächste natürliche Erklärung von selbst, und diese würde sich aussprechen: *der Brunnen des grünen Angers*. Denn der Brunnen liegt in einem schönen, grünen, von dem Bach durchströmten und größtenteils mit Bäumen bepflanzten Anger, der Draitsch genannt. Der Norddeutsche weiß, daß Draitsch oder Dresch grünes Feld bedeutet, welches, mehrere Jahre dem Pfluge entzogen, zur Weide oder Koppel benutzt wird. Man findet dieses Wort Draisch hierlandes häufig als Benennung grüner Plätze in Städten, in Aachen z. B. an der Nordseite der Stadt heißt ein ähnlicher grüner Anger der Draisch. (zu *Draitsch*: in der Eifel meist als *Dreis, Drees* für Quelle) [vergleich unter 1793 Zwierlein]

1860   Gutachten von Prof. Carl Gustav BISCHOF –
beinhaltete vor allem die Empfehlung einer
neuen Bohrung (s. 1865) –
Text in G. Schwedt (2015) – s. Literatur

Gustav BISCHOF (1792-1870) studierte und promovierte in
Erlangen und wurde dort 1815 zum Privatdozenten für
Chemie und Physik ernannt. 1819 kam er als Professor für
Chemie und Technologie an der Universität Bonn. Seine auf
die Praxis orientierte Forschung beschäftigte sich vor allem
mit den vulkanischen Erscheinungen im Rheinland. 1824
erschien sein Werk „Die vulkanischen Mineralquellen
Deutschlands und Frankreichs". Darin beschrieben sind auch
die Ergebnisse physikalisch-chemischer Untersuchungen in
der vulkanischen Eifel.

| **1864** | Erwerb der Quelle vom Staat durch die Gemeinde Godesberg |
| | Errichtung eines Treppenhauses zum Quellort |

1865   *Richter'sche Analyse*
Der Kölner Apotheker F. M. L. RICHTER war
von 1844 bis 1882 Besitzer der 1807 in der Cäcilienstraße
1 A gegründeten Armen-Apotheke.

1865   Neue Bohrung – bis in eine Tiefe von ca. 35 m

Franz Joseph SCHWANN: *Der Godesberger
Mineralbrunnen Draisch nach der neuen
Bohrung von 1865.* Bonn, gedruckt bei
J.F. Carthaus.

1866   Karl FINKELNBURG: *Die neue Bohrquelle zu
Godesberg, ein alkalisch.muriatischer Eisen-
Säuerling*, Allgemeine Medicinische Central-
Zeitung Berlin.

Kurzbiorgraphie:
K(C)arl Maria FINKELNBURG (1832-18969 studierte
Medizin in Bonn, promovierte 1853 in Berlin und war für
zwei Jahre Militärarzt in der britischen Armee. Danach
wirkte er als Assistenzarzt an der Klinik St. Thomas in
London, von 1857 bis 1851 als Psychiater an der Provinzial-
Heilanstalt in Siegburg. 1861 übernahm er die Leitung der
Kaltwasserheilanstalt (s. zu **1888**) in Godesberg
(vermutlich 1858 gegründet) und war von 1872 bis 1892
Professor für Hygiene an der Universität Bonn. Sein Grab

befinder sich auf dem Burgfriedhof von Bad Godesberg (Erbbegräbnis der Familie).

1871	Verkauf des Brunnens an die „Stahlbrunnen-AG" (Konsortium Godesberger Bürger)
1873	Errichtung der *Schmuckmauer* am Draitsch-Brunnen (Restaurierung **2015**)
1873	Enoch Heinrich KISCH (1841-1918) – bedeutender böhmischer Balneologe, ab 1884 Professor an der Universität Prag, berichtet über den *Godesberger Stahlbrunnen* – in: Jahrbuch für Balneologie, Hydrologie und Klimatologie (S. 102-104):

Der Godesberger „Stahlbrunnen"

Vom Docenten Dr. E. H. K i s c h.

Von hochgeschätzter collegialer Seite wurden uns jüngst mehrere Flaschen Godesberger „Stahlbrunnen" und die Broschure des Hrn. Dr. Schwann über diese Quelle mit dem Ersuchen übersendet, unser Urtheil über die Chancen dieses Bades abzugeben.

Wir glauben unser Urtheil im Folgenden zusammenfassen zu können:

„Die Godesberger Quelle ist nach den Ergebnissen der Analyse ein a l k a l i s c h-m u r i a t i s c h e r   E i s e n s ä u e r-l i n g von selten glücklicher Zusammensetzung. In höchst wirksamer Combination finden sich kohlensaures Natron, Chlornatrium und kohlensaures Eisenoxydul nebst der freien Kohlensäure als vorwiegende Bestandtheile, gegen welche die

anderen Salze zurücktreten. Hierdurch ist die Godesberger Quelle ein Eisensäuerling von sehr leichter Verdaulichkeit, der bei seinem auf die Blutbereitung wirkenden bedeutendem Eisengehalte, die säuretilgende Eigenschaft des kohlensauren Natrons mit der die gesamte Ernährung hebenden des Kochsalzes in trefflicher Weise vereinigt und durch seinen Reichthum an Kohlensäure sich auch zu Bädern sehr gut verwerthen lässt. Ich kenne sehr wenige Eisensäuerlinge, die eine therapeutisch so bedeutsame Zusammensetzung haben und einem so grossen Kreise von Indicationen zu entsprechen vermögen. Die Quellen von Reinerz* in preuss. Schlesien, mit denen Godesberg sich am ehesten in eine Categorie stellen liesse, stehen diesen wesentlich nach. Ihre vorzüglichste Anzeige wird die Godesberger Quelle bei catarrhalischen Affectionen sowohl der Verdauungs- als Athmungsorgane finden, wenn sie schwache, anämische, in ihren Kräften herabgekommen oder scrophulöse Individuen betreffen; bei chron. Magencatarrh, wenn die Ernährung wesentlich gelitten hat, bei hartnäckigem chronischen Bronchialcatarrh jugendlicher Individuen mit dem Charakter der Scrophulose, bei chron. depotenzirendem Blasencatarrh, bei Chlorose und ihrem im gesammten Nervensystem sich kundgebenden Folgeerscheinungen. Aus dem Gesagten ergibt sich auch, das die Godesberger Quelle speciell in der Balneotherapie der Frauen- und Kinderkrankheiten eine wirksame Rolle zugetheilt zu werden vermag. Sache der Verwaltung muss es sein, durch Berücksichtigung der neuesten Fortschritte in Bezug auf Füllung und Versendung des Mineralwassers, sowie Errichtung der Badeanstalten zur Hebung des Curortes beizutragen."

Es folgen die Ergebnisse des unter **1865** genannten „Dr. Richter in Cöln". – Das Gutachten könnte noch heute zur

Bewertung des Mineralwassers aus dem Draitschbrunnen als HEILWASSER verwendet werden!
[*bedeutendes Herzbad im 19. Jahrhundert, Bad Reinerz, heute Duszniki-Zdrój, Polen – ehemals Niederschlesien]

1874   Hugo GERBER: *Kurze Mittheilungen über den Chur- und Badeort Godesberg*
(Bonn)
GERBER war als praktischer Arzt und Geburtshelfer und auch als Mitarbeiter in der *Wasserheilanstalt* (später Kurfürstenbad genannt) von Prof. Carl Finkelnburg (1832-1896 – Kurzbiographie zu **1866**) tätig.

GERBER berichtete über die Geschichte u.a. ab 1861:
*So lange der Mineralbrunnen in Händen der Regierung blieb, welche für Fassung der Quelle, Unterhaltung der Promenaden, Instandhaltung der Badeeinrichtungen nichts that, blieb Godesberg nur schwach besucht und das heilkräftige Mineralwasser fand fast nur bei den Ortsbewohnern Verwendung. Im Jahre **1861** bewirkte endlich der damalige Regierungsrath Eulenburg von Seiten der Regierung eine nochmalige Analyse des Mineralwassers. Auf Grund dieser Untersuchung im Vergleiche mit den Resultaten der frühern Analysen desselben Brunnens sprach sich Eulenburg dahin aus, dass die Quelle eigentlich nie vollständig gefasst gewesen, und rieth der Königlichen Regierung dringend, Bohrversuche zu machen, um den Ursprung der Quelle aufzusuchen. Da die Königliche Regierung für ihre Rechnung derartige Versuche vornehmen zu lassen nicht geneigt war, und sich überhaupt für die ganze Angelegenheit wenig interessirte, so verkaufte*

sie den Brunnen und den umliegenden Grund und Boden, an die Gemeinde Godesberg, welche nun ihrerseits sich der so lange vernachlässigten Quelle annahm. Auf die übereinstimmenden Gutachten der Professoren **Bischof** und **Noeggerath** hin, unternahm man im Jahre 1864 die Bohrung und trieb den Bohrer durch abwechselnde Lagen von Thonschiefer verschiedener Härte, Grauwacke etc. allmählich bis zu einer Tiefe von 93 Fuss, da sich fand, dass in den Tiefen der Gehalt des Wassers an Salzen und Eisen nicht weiter zunahm, wie es mehr oben bisher der Fall war, und da man ausserdem die Arbeiten beendigen musste, weil der Brunnen in der bevorstehenden Saison noch benutzt werden sollte. Um bequem zur Quelle hinab zu gelangen, welcher aus einem 4 Zoll weiten Holzrohr nur bis zu einer Höhe von etwa 18 Fuss unter dem Niveau der Brunnenallee sich erhebt, baute man eine Art Behälter – unserm Geschmack allerdings wenig entsprechend – in welchen hinein eine breite Doppeltreppe führt. Bis zum Jahre **1870** blieb der Brunnen Eigenthum der Gemeinde, welche denselben an eine Actien-Gesellschaft käuflich abtrat. Die neue Eigenthümerin „Actien-Gesellschaft Stahlbrunnen" unternahm es zunächst im Zusammenhang mit dem alten Curhause ein neues Bade- und Logirhaus auszuführen, welches zu Anfang vergangenen Jahres fertig gestellt und in der letzten Saison bereits benutzt wurde.

Und weiter heißt es in:

Kapitel *II. Physikalische und chemische Eigenschaften der Quelle* über die *Entstehungs- und Bildungsstätte* sowie auch über den Zustand nach der genannten Bohrung:

Unsere Quelle ist seit der Bohrung vollständig isolirt und gefasst. Dieselbe quillt, (...), aus einem 4 Zoll weiten Holzrohr, auf dessen Höhe eine etwa 2 Fuß im Durchmesser haltende Eisenschale angebracht ist, empor. Das Holzrohr reicht beinahe bis auf den Grund des Bohrloches hinab, ist also etwa 93 Fuß lang. Das Wasser steigt lebhaft Blasen werfend, ab und zu sogar wirklich mächtig aufwallend – so reich ist das Wasser an Kohlensäure – aus dem Bohrloch empor…

Die *Kur-Wasserheilanstalt* – Ausschnitt aus einer Postkarte

1888   Johann SCHWANN *„Godesberg, Luftcur- und Badeort bei Bonn am Rhein gegenüber dem Siebengebirge"*
SCHWANN (1840-1913) war Sanitätsrat und von 1889 bis 1915 auch Branddirektor der Freiwilligen Feuerwehr in Godesberg.

Schwann hatte 1865 auch seine Schrift *Der Godesberger Mineralbrunnen Draitsch nach der neuen Bohrung von 1865* veröffentlicht (s. dort).

Er berichtete 1888 u.a. über die Geschichte des Brunnens nach dem Deutsch-Französischen Krieg 1870/71.

(s. in Schwedt 2015 – Literaturverzeichnis)

Die Kur- und Wasserheilanstalt – Holzschnitt aus der Schrift von Schwann 1888

20. Jahrhundert

1902/03   Draitschquelle: „Vertiefung des alten Brunnens auf der Sohle eines 36 m tiefen Schachtes in der heutigen Form [1962] sehr sorgfältig gefaßt und durch drei Steigrohre zu verschiedenen Entnahmestellen abgleitet…" (K. Fricke u. O. Deutloff 1964 – s. auch 1954)

1904-1905   in: Griebens Reiseführer, Band 17, Bade-Orte, Heilquellen und Heilanstalten in Deutschland, Österreich-Ungarn u. der Schweiz. Vierundzwanzigste Auflage… (Berlin), S.98/99:

Godesberg bei Bonn.

Reise: Godesberg ist Station der linksrheinischen Eisenbahn Köln-Koblenz und hat Straßenbahnverbindung mit Bonn sowie Dampfschiffstation.

Saison: Vom 1. Mai bis 1. Oktober.

Hotels: Hotel Blinzler, Hotel Adler, Rhein-Hotel Dreesen, Godesberger Hof, Schaumburger Hof, Hotel Hüttenrauch, Gasthof zum Godesberg, Pension Rosenburg, Günther, Wilhelma.

Bäder: I. Klasse 10 Karten 18 M., II. Klasse 10 Karten 10 M.

Godesberg, Mineralbad und Luftkurort, 65 m ü. M., 10 000 Einw., 1 St. von Bonn und mit dem Rhein durch hübsche Villen und eine schattige Allee (¼ St.) verbunden, liegt anmutig dem Siebengebirge gegenüber, hat Gas- und Wasserleitung und ist kanalisiert. Kurpark mit Konzerten und Theater, Restaurant und Spielplätzen. Burgruine mit Restaurationsgebäude. Eine kohlensäurereiche alkalisch-muriatische Stahlquelle wird zum

Baden und Trinken benutzt. Sie wird hauptsächlich angewandt bei Blutarmut und Bleichsucht, Nervenschwäche u.a. Zahlreiche Ausflüge per Bahn, Dampfboot, zu Fuß. Näheres siehe in Griebens Reiseführern: „Der Rhein" (4 M).

(GRIEBEN-Reiseführer – von 1853 bis 1986, gegründet von Theobald Grieben (1826-1914) in Berlin 1850, fortgeführt bis 1944, ab 1955 im Verlag Karl Thiemig.)

1907 Aus dem Deutschen Bäderbuch:

Heilquellen. *1 Quelle, „Draischbrunnen", schon zu Römerzeiten bekannt, entspringt etwa 35 m tief aus den Siegener Schichten des Unterdevons. (Eine zweite, früher ebenfalls benutzte Quelle ist wieder zugeschüttet worden.)*
[Analyse von 1904 durch Heinrich FRESENIUS – in mg/kg: Kalium 19,43; Natrium 527; Lithium 0,234; Ammonium 0,286; Calcium 86,54; Strontium 0,52; Barium 0,541; Magnesium 86,3; Eisen 5,907; Mangan 0,074; Chlorid 307,2; Bromid 0,331; Iodid 0,016; Hydrogenphosphat 0,097; Hydrogencarbonat 1470; Kieselsäure 17,82; freies Kohlendioxid 1876; insgesamt: 4507]
Die Summe der gelösten festen Bestandteile beträgt 2,6 g, wobei Hydro[gen]karbonat- und Natrium-Ionen vorwlaten; da 1,9 g freies Kohlendioxyd vorhanden sind, so ist die Quelle ein „a l k a l i s c h e r S ä u e r l i n g". Bemerkenswert ist der Eisengehalt von 5,0 mg. (...)

Das Wasser der im Jahre 1902 neugefaßten Quelle wird in Zinnrohren 900 m weiter geleitet und in natürlichem Zustande zum Trinken benutzt. Badezwecken dient an der Quelle selbst ein Badehaus (12 Zellen mit 15 Wannen aus Fayence und emailliertem Eisen. Das Badewasser wird unmittelbar vor Eintritt in die Wannen durch Gegenstromapparate erwärmt. Im Jahre 1903 wurden 3042; 1904: 4795; 1905: 5248 Bäder verabreicht. Nach Enteisenung und Sättigung mit natürlicher Kohlensäure wird das Wasser auch versandet (1903: 125 000; 1904: 250 000, 1905: 411 000 Gefäße)

1907 Analyse des Godesberger Apothekers Georg EIGEL („Alte Apotheke", Godesberg, 1892-1913) – auch staatlich geprüfter Nahrungsmittel-Chemiker. betrieb ein Chemisch-technisches und hygienisches Laboratorium – in den wesentlichen Inhaltsstoffen mit vergleichbaren Ergebnissen zu denen von FRESENIUS.

Die ***Alte Apotheke*** in Bad Godesberg im klassizistischen Gebäude aus dem Jahr 1838 wurden vom dem Pharmazeuten Pfaffenberger gegründet, der am 12. August 1838 „die nachgesuchte Erlaubnis erteilt (bekam), zu Godesberg im Kreis Bonn eine Apotheke anzulegen und auf eigene Rechnung zu führen".

1920   Rudolf SCHORLEMMER:
Bad Godesberg am Rhein, seine Mineralquellen und deren Geschichte, ihre Bestandteile, Ergiebigkeit, bisherige Inanspruchnahme und Heilwirkungen, Godesbergs Lage, Klima und Bodengestaltung. Gutachtlicher, den Behörden auf Ansuchen erstatteter Bericht.
Bonn, Rhenania-Verlag, Buch- und Steindruckerei.

1926   Godesberger Mineralquelle wird durch den Preußischen Minister für Volkswohlfahrt als gemeinnützig anerkannt – aus Godesberg wird BAD GODESBERG
Minister war Heinrich HIRTSIEFER (1876-1941, starb an Folgen seiner KZ-Haft) – von 1921-1932, Sozialpolitiker der Zentrumspartei

1939   Gemeinde verkauft die Betriebseinrichtungen für den Wasserhandel; die Mitbenutzung der Quelle und der Wasserhandel bleiben verpachtet.

1950   Abriss der hölzernen Brunnenhalle (zwischen 1902 und 1904 erbaut).

Die Draitsch-Brunnenhalle (links im Bild) auf einer Postkarte um 1905

1952   Sie wird durch einen gläsernen Trinkpavillon
mit Wandelhalle ersetzt.

Im Inneren des Draitschpavillons

1954   Karl FRICKE: Entstehung, Beschaffenheit und
             Räumliche Verteilung der Heil- und
             Mineralquellen Nordrhein-Westfalen
             (Amt für Bodenforschung, Landesstelle
             Nordrhein-Westfalen in Krefeld:
             Godesberg *(Kurverwaltung)*

Der alkalische Säuerling von Bad Godesberg (Draitsch-brunnen) war bereits den Römern bekannt. Er entspringt den am Südende des Ortes anstehenden unterdevonischen Schichten in 35 m Tiefe und besitzt eine Ausfließtemperatur von 12°. Der Kohlensäuregehalt beträgt 1,876 g/kg (Ionengehalte: Na 527; Ca 86,54; Mg 86,3; Cl 307,2; SO_4 109; HCO_3 1470 mg/kg). Es handelt sich also um ein Natrium-Hydrogenkarbonat-Kohlensäure-Wasser (alkalischer Säuerling).

Die Ergiebigkeit beträgt ca 18 000 l/Tag. Zur Vermehrung der Schüttung wurde 1865 eine Bohrung von ca 35 m Tiefe niedergebracht. Eine Neufassung erfolgte 1902/04, nachdem 1902 der Brunnen in den Besitz der Gemeinde Godesberg übergegangen war.

Das Mineralwasser wird für Trink- und Badekuren benutzt.

1962   Mineralwasserbohrung „Gartenstraße"
             Bericht des Geologen Karl FRICKE in:
             Wasser-Abwasser 145, Heft 12, 20. März 1964,
             S. 305-311:

Die geologischen und hydrologischen Ergebnisse der
Mineralwasserneubohrung „Gartenstraße" in Bad Godesberg
1961/62
Von Karl FRICKE, Krefeld und Ostfried DEUTLOFF, Bonn

Kurzbiographien
K. FRICKE (1915-1990) studierte an der Bergakademie
(heute TU) Clausthal und an der Universität Göttingen
Geologie, Mineralogie, Geophysik und Bergbaukunde
(Promotion 1941). Im Zweiten Weltkrieg war er als
Wehrgeologe in Norwegen und Berlin-Wannsee tätig. Ab
1947 war im Geologischen Staatsdienst, zunächst in Bochum
(Abteilung Steinkohle), ab 1951 als Abteilungsleiter für die
Geologie der Mineralquellen in Krefeld tätig. 1961, zur Zeit
der Bohrungen in Godesberg, war er Leiter der Abteilung
Hydrogeologie. Fricke „ist einer der führenden Vertreter der
Balneogeologie gewesen, gleichmäßig erfolgreich als
Praktiker, Wissenschaftler und Koordinator in
internationalen Fachverbänden" – so der Autor seines
Nachrufes im Geologischen Jahrbuch (Mitt. 8, 15-36, 1993,
Gert Michel)

O. DEUTLOFF (1934-2004) aus Hettstedt/Südharz, Abitur
1953 in der DDR, Beginn des Geologie-Studiums an der
Martin-Luther-Universität Halle-Wittenberg, 1955 Flucht
über Berlin, Studium in Tübingen (Vordiplom 1957) und
Bonn (Promotion über „Die Hydrogeologie des
nordwestlichen Weserberglandes in der Umgebung von Bad
Salzuflen und Bad Oeynhausen", Bonn 1967, danach
Tätigkeit im Geologischen Landesamtes NRW) – zur Zeit der
Mineralwasserbohrung in Godesberg noch Doktorand an der
Universität Bonn.

Auszüge:

„Die *natürliche Grundlage des Badebetriebs in Godesberg* bildet ein seit langem bekannter und im 18. Jahrhundert gefaßter Quellaustritt eines Natrium-Magnesium-Hydro-karbonat-Chlorid-Säuerlings am südlichen Hangfuß des von SW zum Rheintal herunterstehenden Marienforster Tales. Es handelt sich um eine der randlichsten Mineralquellen des jungen mittelrheinischen Vulkangebietes, die, auf einer streichenden tektonischen Zerrüttungszone sitzend, wohl von der im Rheintal in SE-NW-Richtung verlaufenden Querstörungszone der ‚*Kohlensäurelinie*' (...) gespeist wird.

Diese sogenannte *Draitschquelle* wurde 1903 nach Vertiefung des alten Brunnens auf der Sohle eines 36 m tiefen Schachtes in der heutigen Form sehr sorgfältig gefaßt und durch drei Steigrohre zu verschiedenen Entnahme-stellen abgeleitet. Ihr Mineralwasser tritt aus einer Störungszone intensiv klüftigen Unterdevonsandsteins mit Quarzkluftfüllungen aus, der von einer vorwiegend aus Tonschiefer mit schwächeren klüftigen Sandsteinbänken überlagert wird. Ihre heutige Schüttung beträgt etwa 0,36 m^3/h, die für Bade- und Mineralwasserabfüllbetrieb genutzt und in Ruhezeiten in einem Sammelbehälter gespeichert wird.

Durch eine rund 36 m tiefe Bohrung wurde unweit südwestlich der Quellfassung in gleicher Lage 1895 die *Obere Quelle* als geringer konzentrierter Na-Mg-HCO_3-Cl-Säuerling erschlossen, aus der nach Bedarf bis zu 0,36 m^3/h gepumpt wird.

Wegen der verhältnismäßig geringen Ergiebigkeit dieser vorhandenen Mineralquellen und unter Berücksichtigung der Nachteile ihrer ziemlich flachen Fassungen hinsichtlich des Quellenschutzes vor Verunreinigungen ergab sich bei

51

den *Erweiterungsplanungen* des Bades die Notwendigkeit, ein *neues Mineralwasservorkommen* von größerer Ergiebigkeit und möglichst auch höherer Konzentration zu erschließen."

(...)

[Es folgen die „Voruntersuchungen zur Neuerschließung" und die „geologischen Ergebnisse der Bohrung", auf die hier verzichtet wird.]

Aus dem Abschnitt „Verlauf der Bohrung und hydrlogische Ergebnisse" seien hier nur die wichtigsten (und allgemein interessierenden Ergebnisse) genannt:

Aus ersten Bohrversuchen wurde geschlossen, dass „wegen der wenig befriedigenden Wasserführung und –temperatur (...) eine *Vertiefung der Bohrung* auf 200 m beschlossen" wurde. –

„Am 30. Juli war die Endtiefe von 200,20 m erreicht, in der nur ein kurzer Schöpfversuch ausgeführt und das Bohrloch dann bis zum Endausbau unverrohrt stehengelassen wurde." Und weiter ist zu lesen:

„Zwei *Übersichtsanalysen von Wasser* aus 55 bzw. 71 m Bohrtiefe (...) zeigten mit durchschnittlich 1700 mg/kg Abdampfrückstand bei 250 mg/kg Cl'-Ion bereits eine erhebliche Mineralisation."

Anschließend wurden Dauerpumpversuche unternommen – mit folgendem Ergebnis:

„Der Dauerpumpversuch an der Bohrung Bad Godesberg 1961/62 ließ nach Wasserdargebot und –qualität als günstigsten Nutzungsbereich die Förderung von 10 bis 12 m³/h aus 70 bis 75 m Tiefe [unter dem Grundwasser!]

erkennen. Da eine solche Menge etwa dem voraussichtlichen Bedarf des Bades entspricht, wurde die Pumpenförderung darauf eingestellt..."

Der erste *Kleine Mineralwasseranalyse* führte das Institut *Fresenius* am 8.11.62 aus – mit folgenden Ergebnissen aus der genannten Tiefe von 200,20 m:
„Förd. M. 12,2 m^3/h, Abd. R. mg/kg 3382, Cl' mg/kg 438,8; Fe^{++} 5,2 mg/kg; CO_2 mg/kg Titr. 2056"
Die Temperatur des Wassers hatten die beiden Geologen mit 14,5 °C aus 73 m Tiefe ermittelt.
Das FAZIT lautete:
Das durch die Neubohrung 1961/62 erschlossene Mineral-wasser ist also als ein **Natrium-Hydrogencarbonat-Chlorid-Säuerling** *zu bezeichnen.*
Und in der Zusammenfassung ist dann noch zu lesen:
„Die Neubohrung liefert gegenüber der Draitschquelle eine wesentlich größere gewinnbare Menge eines höher konzentrierten, CO_2-reichen Mineralwassers. Draitschquelle und Neubohrung besitzen in vergleichbarer Tiefe (...) entsprechende Konzentrations- und Temperatureigen-schaften, so daß die mineralwasserführenden Spaltenzonen ähnlichen Bau besitzen dürften..."

Die Kurfürstenquelle (oben) und der Trinkpavillon
im Stadtpark von Bad Godesberg (Mai 2018)

1970   Errichtung der Trinkhalle an der Stadthalle
von Bad Godesberg zum Ausschank des
Wassers aus der Kurfürstenquelle

1972   Kurhaus an der Brunnenallee wird abgerissen.
Errichtung einer neuen Fabrikationsstätte zur
Produktion von Limonade und Wasser

Ehemaliges Kurhaus an der Brunnenallee mit der Anlage des
Draitschbrunnens (ganz links)

1974 (Mai)   Pacht des Draitschbrunnens durch das
Ehepaar Helmut FIEHL (Brunnenmeister) und
Eveline FIEHL

1977   Abriss des Trinkpavillons aufgrund der
Erweiterung der kommerziellen Fabrikationsstätte; Pacht des Geländes durch das Ehepaar

FIEHL, erbaut den *Draitschbrunnenpavillon* auf eigene Kosten.

1989   Heinz *Nienhaus*: Zu Godesberger Draitschbrunnen. Eine Mineralquelle, die dem ehemals schlichten Dorf den Stempel eines Badeortes aufdrückte, in: Der Mineralbrunnen Nr. 1, 8-23.

1990   Etikett des Bad Godesberger Mineralwassers aus der KURFÜRSTENQUELLE - Ausschnitt (aus Schwedt 2015)

 Natürliches Mineralwasser   enteisent und mit Kohlensäure versetzt

BAD GODESBERGER

 MINERALWASSER
die sprudelnde Erfrischung aus der
Kurfürstenquelle

21. Jahrhundert

2003   Norbert *Schlossmacher* (Stadtarchivar Bonn):
                Prickelnd wie Champagne. Zur Geschichte des
                Bad Godesberger Wassers, in: Godesberger
                Heimatblätter 41 (2003), S- 54-88.
                (ausführlichste Darstellung der Geschichte!)

Aug. 2011   Sperrung der *Kurfürstenquelle* (aus
                hygienischen Gründen) – Sanierung
                der Rohre

7. Juni 2012 Wiederinbetriebnahme der *Kurfürstenquelle*
                Ausschank im Trinkpavillon im Stadtpark an
                der Stadthalle und im Pavillon an der
                Draitschquelle in der Brunnenallee

2015   Renovierung der Anlage am Draitschbrunnen
                – 225 Jahre nach der Einweihung durch den
                Kurfürsten   Clemens August – durch den
                Verein für Heimatpflege und Heimatgeschichte
                Bad Godesberg e.V. (VHH)

Die Draitsch-Brunnenanlage
2011 (oben)   2018 (unten)

2015   Anerkennung des Mineralwassers aus der Draitschquelle als *Heilwasser* durch die Bezirksregierung in Köln

Der Draitsch-Brunnenpavillon in der Godesberger Brunnenallee
(Mai 2018)

Informationstafel am Trinkpavillon neben dem Draitschbrunnen – auf einem „Geologischen Lehr- und Wanderpfad" (Standort 13) – informiert [kursiv gesetzte Wörter sind auf der Tafel fett gedruckt]:
„*Mineralwasser – Produkt der nachvulkanischen Tätigkeit.* Die Bildung des Marienforster Tales geht auf eine *geologische Störungszone* im *Schiefergebirgsrumpf* zurück. Sie bietet *mineralisierenden Grundwässern* einen Aufstiegsweg aus großer Tiefe. Hier wird es im *Draitschbrunnen* aus *60 m Tiefe* gefördert. Das Wasser der auf dem Gelände des Abfüllbetriebes gelegenen Draitschquelle enthält viel *Kohlendioxid-Gas* (CO_2). Das CO_2-Gas entstammt einer *Tätigkeit,* die auf den Vulkanismus der Tertiär- und Quartär-Zeit zurückgeht. In großer Tiefe sondert aus-gekühltes

Magma leichflüchtige Bestandteile, insbesondere Kohlendioxid-Gas, ab. Durch *Störungsfugen* in der Erdkruste dringen die Gase mit großem Druck bis in den *Grundwasserbereich* vor, wo das Kohlendioxid chemisch zu *Kohlensäure* gelöst wird. Ein Teil des Gases verbleibt physikalisch als *‚freie Kohlensäure'* (Gasbläschen) im *Mineralwasser*. Sie bewirkt den weiteren Aufstieg des Wassers zur Erdoberfläche (*Gaslift*). Das kohlensäurehaltige Wasser löst aus den durchströmten Gesteinen Minerale heraus. Die Inhaltsstoffe des Mineralwassers spiegeln so den geologischen Aufbau des Untergrundes wieder."

2017   Im General Anzeiger Bonn (M. Wenzel) – 25.7.17
„Dem Förderverein ‚Bürger.Bad.Godesberg e.V.' ist es zu verdanken, dass die Kurfürstenquelle wieder sprudelt." - im Trinkpavillon an der Stadthalle im Stadtpark von Bad Godesberg

Analysen aus zwei Jahrhunderten

1. DRAITSCHBRUNNEN
(mg/l)

	1904	1960	1962*	1984	1988	2007	2014
Na	527	368	804	1040	987	931	935
K	19,4	16	32,6	16,5	28	25	26,2
Mg	86,3	68	70,2	123	105	99	110
Ca	86,5	108	65,2	102	154	99	89,7
Fe	5,9	k.A.	5,2	k.A.	6,0	4,5	2,5
Cl	307	231	439	605	138	531	501
SO_4	109	152	201	255	265	245	231
HCO_3	1470	1068	1741	2441	2319	2236	2234
CO_2	1876	1006	2056	3234	3203	k.A.	k.A.

k.A.: keine Angaben; * Neubohrung

2. Kurfürstenbrunnen

	1962	1988	2007
Na	368	339	302
K	16,5	19	16
Mg	67,8	38	43
Ca	108	73	63
Fe	1,54	2,2	1,1
Cl	231,5	183	173
SO_4	152,6	137	122
HCO_3	1068	882	807
CO_2	1006	1345	k.A.

Analysenergebnisse aus: Schwedt (2015), Carlé (1975), Michel et al. (1998), Fricke/Deutloff (1964)

Beide Mineralwässer werden als kalte *Natrium-Hydrogencarbonat-Chlorid-Säuerlinge* bezeichnet. Der *Draitschbrunnen* unterscheidet sich vom *Kurfürstenbrunnen* in seinem deutlich höheren Magnesium- und Hydrogencarbonat- und insgesamt durch einen höheren Mineralsalz-Gehalt.

Das Wasser aus dem *Draitschbrunnen* ist als Heilwasser anerkannt – s. dazu auch die Bewertung durch den böhmischen Balneologen und Arzt KISCH **1873**.

1988: Draitschbrunnen 7618 mg/l (4415); Kurfürstenquelle 3039 mg/l (1694) Gesamtgehalte (einschließlich des CO_2) – Klammern ohne CO_2, nur gelöste Mineralstoffe

Die zeitlichen Veränderungen in den Mineralstoffgehalten sind auf vor allem auf Neubohrungen bzw. Veränderungen an den Bohrstellen zurückzuführen.

LITERATUR

Ausführliches Literaturverzeichnis in:

Schwedt (2015)
Schwedt, Georg: Ferdinand Wurzer und die Gründung des Godesberger Gesundbrunnens, Bonn-Bad Godesberg (Hrsg. Verein für Heimatpflege und Heimatgeschichte Bad Godesberg e.V.) 2015

Literaturstellen zu den Analysendaten (weitere Literaturangaben s. auch im Text zur Chronologie) u.a. aus:

Michel et al. (1998)
Michel, Gert, *Adams,* Ulrich u. Georg *Schollmayer*: Mineral- und Heilwasservorkommen in Nordrhein-Westfalen, Geologisches Landesamt, Krefeld

Carlé (1975)
Carlé, Walter: Die Mineral- und Thermalwässer von Mitteleuropa. Geologie, Chemismus, Genese, Wiss. Verlagsges., Stuttgart

Fricke/Deutloff (1964)
Fricke, Karl u. Otfried *Deutloff*: Die geologischen und hydrologischen Ergebnisse der Mineralwasserneubohrung „Gartenstraße" in Bad Godesberg 1961/62, Wasser-Abwasser 145, Heft 12, S. 305-311

Fricke, Karl:
Entstehung, Beschaffenheit und räumliche Verbreitung der Heil- und Mineralquellen Nordrhein-Westfalens, Amt für Bodenforschung, Landesstelle Nordrhein-Westfalen, Krefeld 1954

Schwedt, Georg:
Gustav Bischof – Professor der Universität Bonn, ein Pionier der Geochemie, ALMA MATER Beiträge zur Geschichte der Universität Bonn 108, Bouvier, Bonn 2017

Schwedt, Georg:
Mineral- und Heilwässer vom Rhein, von der Ahr und der Eifel, Bouvier, Bonn 2011

Klein, Karl Josef:
Vom Redoutenpark bis Stadtpark I und II. Rundgang durch die innerstädtischen Parkanlagen der ehemaligen Kur-, Garten- und Diplomatenstadt Bad Godesberg. Von Quellen und Bäumen, Bonn 2016

HINWEIS:
In den GODESBERGER HEIMATBLÄTTERN sind auch Aufsätze zu den Einzelthemen (u.a. zu den genannten Persönlichkeiten) erschienen und über das Stichwortregister (vhh-badgodesberg.de/register.php) vom *Verein für Heimatpflege und Heimatgeschichte Bad Godesberg e.V.* im Internet nachweisbar.